AF358363

Très Beau Collier

CINQ RANGS DE PERLES FINES

IMPORTANT DIADÈME

En Brillants, enrichi d'Émeraudes

Appartenant à M. le Vicomte de X***

TRÈS BEAU COLLIER

DE

CINQ RANGS DE PERLES

IMPORTANT DIADÈME

En Brillants et Emeraudes

CONDITIONS DE LA VENTE

Elle sera faite au comptant.

Les acquéreurs paieront *dix pour cent* en sus des enchères.

L'exposition mettant le public à même de se rendre compte de la nature et de l'état des objets, aucune réclamation ne sera admise une fois l'adjudication prononcée.

Très Beau Collier

CINQ RANGS DE PERLES FINES

IMPORTANT DIADÈME

EN BRILLANTS, ENRICHI D'ÉMERAUDES

Appartenant à M. le Vicomte de X***

HOTEL DROUOT, SALLE N 11

Le Mercredi 23 Mai 1906, à 2 heures 1 2

M° LAIR-DUBREUIL | M. AD. REINACH

EXPOSITIONS

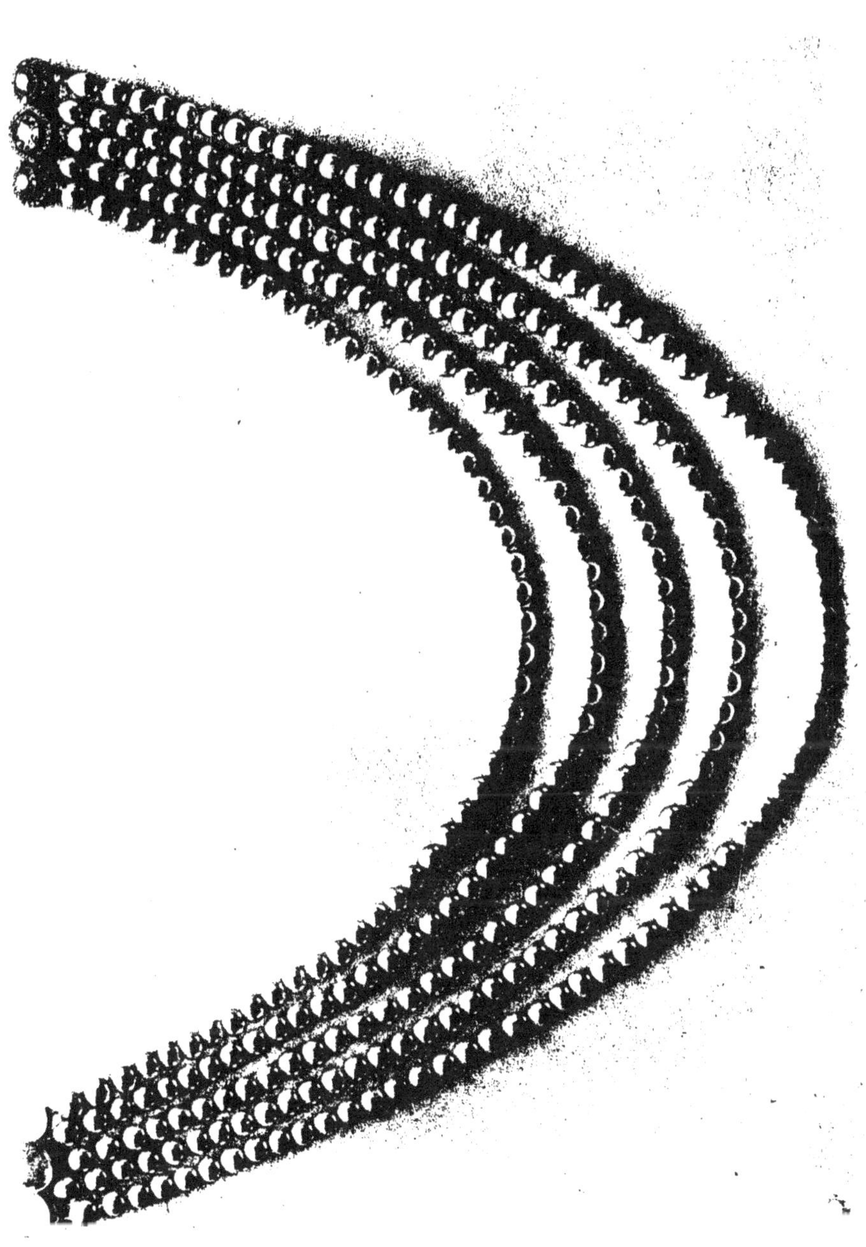

DÉSIGNATION

PERLES

1 — TRÈS BEAU COLLIER de cinq rangs de
perles fines d'Orient.

Ce collier comprend trois cent huit perles, pesant
2.169 grains, et un fermoir, composé de trois brillants entourés de roses.

Ce collier pourra être divisé :

Premier rang. . .	51 perles, pesant	354 grains.
Deuxième rang. .	56 perles, pesant	397 grains.
Troisième rang. .	61 perles, pesant	429 grains.
Quatrième rang .	67 perles, pesant	471 grains.
Cinquième rang .	73 perles, pesant	518 grains.
Au total. . .	308 perles, pesant	2.169 grains.

Fermoir composé de trois brillants entourés de
roses.

BRILLANTS & ÉMERAUDES

2 — IMPORTANT DIADÈME, tout en brillants
et roses, enrichi de 19 émeraudes.

Dessin à rinceaux et guirlandes de feuillages,
entrecoupés d'un rang de grecque pavé de roses
avec pampilles en brillants.

La partie centrale, en forme d'écusson, est sur-
montée d'une aigrette à trois branches, ornée de
trois belles émeraudes entourées de brillants.

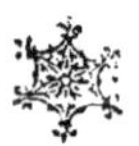